Rolf Kauka's

BUSSI BÄR

KINDERBIBLIOTHEK

Backen macht Spaß

mit Bussi-Bär und Bello

MOEWIG

Ein farbiges BUSSI-BÄR-KINDERBUCH für glückliche Kindertage

Originalausgabe

Konzeption, Layout und Redaktion:
Bernd Gärtig in Zusammenarbeit
mit der Centralen Marketinggesellschaft
der deutschen Agrarwirtschaft mbH (CMA),
Koblenzer Straße 148, 5300 Bonn 2

Illustrationen: Angel Nadal und Ana Merino

Umschlagentwurf und Umschlaggestaltung:
Werbeagentur Zeuner, Ettlingen

Umschlagillustration: Ana Merino

Satz: Setzerei Franz, Bischweier

Repros: Repro-Perschke GmbH, Bruchsal

Druck und Bindung: Printer Portuguesa, Lissabon

Auslieferung in Österreich:
Pressegroßvertrieb Salzburg Gesellschaft m. b. H.,
Niederalm 300, A-5081 Anif, Österreich

Printed in Portugal 1993

ISBN 3-8118-8869-2

Inhalt

Vorwort

Backen macht den Bussi-Bär-Freunden ab dem Vorschulalter riesigen Spaß. Gerne rühren die kleinen Kinder den Teig, bepinseln Kuchen und Plätzchen mit Zuckerguß, verzieren die knusprigen Plätzchen mit Schokostreuseln, Kokosraspeln oder bunten Smarties. Die kindlichen Wünsche werden in diesem Backbuch von Bussi-Bär, der ersten wissenschaftlich empfohlenen Spiel- und Vorschule, beachtet, und sie sind liebevoll Schritt für Schritt illustriert. Diese verständlichen Illustrationen helfen jedem Vor- und Grundschulkind, die Entstehung der Backideen zu verstehen und nachzuvollziehen.
Dazu schenkt Bussi-Bär allen kleinen und großen Zuckerbäckern lehrreiche Tips, ein bekanntes Kinderlied vom Kuchenbacken und eine liebreizende Bussi-Bär-Erlebnisgeschichte.
Lassen Sie sich von den Wünschen Ihres Kindes überraschen, und backen Sie zusammen mit Ihrem kleinen Liebling die Bussi-Bär-Backideen.

Viel Spaß mit diesem ideenreichen Backbuch
wünscht allen Kindern in der Welt
die BUSSI-BÄR-Redaktion

Bussi-Bärs Buchstaben-Ostereier

Bussis Zutaten für 30 Buchstaben-Ostereier:

750 g Mehl
375 g Butter
1 Prise Salz
1 Tasse Milch
150 Zucker
3 Eier
1 Teelöffel Zimt

Zuerst bereitet Bussi-Bär den Mürbeteig zu. Er schüttet das abgewogene Mehl in eine große Rührschüssel und drückt eine Vertiefung ein. Dann gibt er einen Teelöffel Zimt hinzu. Die drei Eier schlägt er jeweils an einem Tassenrand auf und trennt das Eiweiß von dem Eigelb. Somit füllt er in eine Tasse das Eiweiß und gibt das Eigelb zu dem Mehl. Danach zerschlägt er das Eiweiß mit

einer Gabel und gibt es in die Vertiefung. Danach verteilt Bussi-Bär auf dem Mehlrand die kalte Butter, die er zuvor mit dem Küchenmesser in kleine Stücke geschnitten hat.

Dann fügt Bussi-Bär den Zucker und die Prise Salz hinzu und verrührt mit einem Holzlöffel die Zutaten in der Vertiefung und mischt bereits etwas Mehl ein.

Danach schaufelt Bussi-Bär mit seinen Händen das Mehl mit der Butter nach innen und knetet die Zutaten zu einem geschmeidigen Teig. Den Mürbeteig formt Bussi-Bär zu einer Kugel, packt ihn in eine Klarsichtfolie und läßt ihn zwei Stunden zum Festwerden im Kühlschrank ruhen. Ist der Mürbeteig erkaltet, läßt er sich besonders gut ausrollen.

Bussi-Bär rollt den Mürbeteig auf der bemehlten Tischfläche einen Zentimeter dick aus, und er schneidet die Eierformen aus.

Die Teigeier legt Bussi auf ein mit Butter eingefettetes Backblech und bepinselt sie mit Milch.

Backzeit: 15 Minuten
Elektroherd: 175 Grad
Gasherd: Stufe 2

Bussi-Bär verrührt 100 g Puderzucker und das Eiweiß von 2 Eiern in einer kleinen Rührschüssel zu einer zähen Masse. Die Zuckermasse füllt er in einen Spritzbeutel und spritzt die Buchstaben auf.
Mit bunten Streuseln und Perlen verziert Bussi die mit dünner Eiweißglasur zuvor eingestrichenen Buchstaben-Ostereier

Bussi-Bärs Tips für die kleinen und großen Zuckerbäcker

- Vor dem Backen gründlich die Hände waschen und eine Arbeitsschürze anziehen.
- Stelle mit deiner Mami alle Zutaten bereit.
- Trenne die Eier immer an einem Tassenrand. So siehst du auch, ob die Eier frisch sind oder ob sich das Eiweiß und das Eigelb bereits vermischt haben.
- Die Butter für den Rührteig nimmst du bitte eine halbe Stunde vor dem Gebrauch aus dem Kühlschrank, damit sie weich wird.
- Für einen Mürbeteig oder Knetteig muß die Butter fest sein. Gebe sie in kleinen Stücken auf den Mehlrand.
- Ist dein Teig noch zu weich zum Ausrollen und klebt er an deinen Fingern, so knete noch etwas Mehl ein.
- Eiweiß kannst du nur steif schlagen, wenn in der Schüssel und an deinem Rührgerät keine Fettreste vorhanden sind. Sehr gut kannst du das Eiweiß steif schlagen, wenn du zuvor einen halben Teelöffel Zitronensaft hinzugibst.
- Das heiße Backblech soll nur deine Mutti mit dicken Backhandschuhen anfassen.
- Und so prüft am besten deine Mami, ob der Teig gar ist: Reiche deiner Mami ein Holzstäbchen. Mit dem Holzstäbchen sticht Mami in den Teig. Bleibt der Teig am Holzstäbchen hängen, ist der Kuchen noch nicht gar.

Kunterbunter Schokokuchen

Bussi-Bär verrührt zuerst das Kakaopulver, die Eier, das Salz, den Puderzucker und den Zimt zu einer dicken Schokomasse und rührt das in einem Kochtopf geschmolzene Kokosfett hinzu.

Zutaten für einen Schokokuchen:

4 Eßlöffel Kakaopulver = 40g	120 g Puderzucker
1 Teelöffel Zimt	150 g [redacted]
2 legefrische Eier	20 Butterkekse
30 g gemahlene Mandeln	eine Prise Meersalz
Margarine zum Einfetten	Smarties

Die Backform fettest du zuerst mit Margarine ein und legst das Backpap... ...berstehend ein.

Bussi füllt die Schokomasse in die Backform.

Dann streut Bussi gemahlene Mandeln auf die Schokomasse.

3 Eier
175g Puderzucker
90g Kakao
1 Teel Zimt
1 Prise Salz
250g Palmin
1 Packung Leibnitz Kekse

Anschließend legt Bussi-Bär eine Keks-
schicht darauf und füllt weiter abwechselnd
Schokocreme, Mandeln

und Kekse ein. Die oberste
Schicht ist Schokocreme.
Über Nacht stellt Bussi-Bär den
Kuchen in den Kühlschrank.

Am anderen Morgen ist der Schokokuchen fest. Bussi-Bär nimmt den Kuchen aus dem Kühlschrank und stülpt ihn um, entfernt die Backform und das Backpapier.
Den wohlgeformten Kuchen bestreicht Bussi-Bär mit etwas flüssiger Schokoladenmasse und verziert ihn mit vielen bunten Smarties.
Und wenn Bussi-Bärs kleiner Freund Bello Geburtstag hat und er sich diesen kunterbunten Schokokuchen als Geburtstagskuchen wünscht, so spritzt Bussi-Bär mit blauer Zuckerschrift Bellos Namen und Bellos Alter auf.
Magst du auch Bussi-Bärs kunterbunten Schokokuchen zum Geburtstag?

Backe einen Möhrenkuchen

Bussi-Bär gibt den Zucker zu dem Eigelb und schlägt es cremig. Dann rührt er die Möhren, die geriebenen Mandeln und das Mehl mit dem Backpulver darunter.

Zutaten für den Möhrenkuchen:

200 g Möhren
100 g Mandeln
4 legefrische Eier
1 ungespritzte Orange
200 g Zucker
75 g Mehl
25 g Semmelbrösel
etwas Backpulver
Butter zum Einfetten der Form

Zutaten für die Glasur:

200 g Aprikosenkonfitüre, 50 g Kokosflocken, 1 Ei

So wäscht, schälst und raspelst du die Möhren richtig. Mache es ebenso wie der clevere Hase.

Der Hase bringt die Möhre. Er wäscht sie zuerst und schneidet die Enden ab.

Dann schält der Hase die Möhre.

Anschließend raspelt der Hase die geschälte Möhre sehr fein.

Bussi-Bär rührt das steifgeschlagene Eiweiß und die Raspeln der Orangenschale in den Teig. Danach bestreicht Bussi die Kuchenform mit Butter und streut die Semmelbrösel darauf. Anschließend füllt Bussi-Bär den Teig in die Backform.

Backzeit:	**60 Minuten**
Elektroherd:	**200 Grad**
Gasherd:	**Stufe 2**

Der gebackene Möhrenkuchen ist ausgekühlt, und Bussi-Bär glasiert ihn. Zuerst träufelt Bussi den Saft der Orange auf den Kuchen, rührt ein Ei unter die passierte Konfitüre und bestreicht damit den vitaminreichen Möhrenkuchen.

Der Hase streut die Kokosflocken auf den Möhrenkuchen.

Osterhuhn Carolina

Bussi-Bär mischt Mehl und Backpulver, gibt Butter in Flöckchen dazu, siebt Puderzucker darauf und fügt danach Vanillinzucker und die Eier dazu.

Zutaten für das Osterhuhn Carolina:

500 g Vollkornmehl
1 Teelöffel Backpulver
2 Vanillinzucker
Rosinen
weiße Zuckerschrift

200 g Butter
200 g Puderzucker
2 legefrische Eier
Mandeln
Mehl zum Ausrollen

Deine Mutti soll die Huhnform ausschneiden und vergrößern, so daß Carolina ein Backblech ausfüllt. Vor dem Backen verzierst du Carolina mit Rosinen und Mandeln. Nach dem Backen malst du mit Zuckerschrift das Auge und drückst eine Rosine darauf.

Bussi-Bär hat den Teig mit dem Knethaken seines Handrührgerätes gut durchgeknetet. Nun nimmt er den Teig aus der Schüssel und knetet ihn mit seinen Händen nochmals gut durch, bis der Teig geschmeidig erscheint. Deine Mami soll einen großen Teigklumpen kneten, und du knetest mit deinen Händen eine kleine Teigkugel gut durch.

Nun gibst du Mami deine kleine Teigkugel, und sie fügt diese mit ihrem Teigklumpen zusammen. Danach mußt du wieder Bussis Rat befolgen. Mache es ebenso. Bussi-Bär verpackt den Teig in Folie, und er legt ihn anschließend in den Kühlschrank. Dort läßt Bussi-Bär den Teig für zwei Stunden ruhen.

Auf einer bemehlten Tischfläche rollt Bussi-Bär den Teig aus und schiebt ihn auf das mit Backpapier ausgelegte Backblech. Danach legt er die Papierform von dem Osterhuhn darauf, und er schneidet mit einem Teigmesser Carolina aus.

Backzeit:	**20 Minuten**
Elektroherd:	**200 Grad**
Gasherd:	**Stufe 3**

Osterhase und Osterlamm

Jedes Jahr am Karfreitag backen Bussi-Bär und Bello gerne einige Osterlämmer und Osterhasen, und sie verschenken diese an ihre Freunde. Bussi-Bär mischt zuerst drei Viertel der Milch mit der Butter und der Prise Salz, danach gibt er Mehl in die Schüssel und schüttet die flüssige Hefe mit der Milch und dem zerquirlten Ei hinzu. Nun verarbeitet Bussi-Bär alles zu einem geschmeidigen Teig.

Du brauchst für fünf Osterhasen:

- 500 g Weizenmehl
- 20 g Hefe in Würfel
- einen Viertelliter Milch
- 5 Rosinen
- 80 g Butter
- 2 legefrische Eier
- 2 Eßlöffel Zucker
- eine Prise Salz

Zu den Hefewürfeln gießt Bussi-Bär lauwarme Milch und etwas Zucker, und er rührt alles zu einer dickflüssigen Masse.

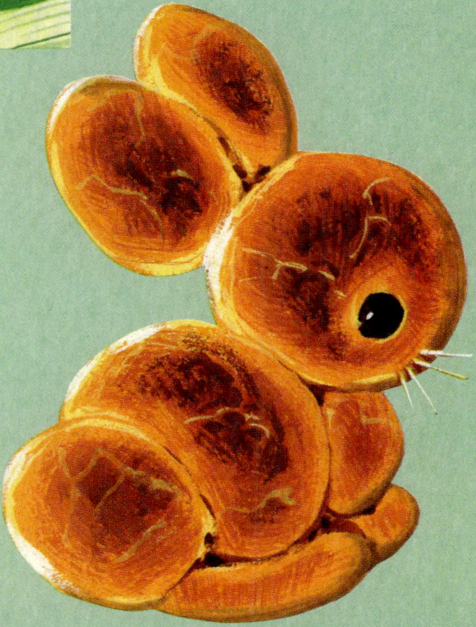

Die nebenstehenden Zutaten sind für fünf Osterhasen angegeben. Ebenso kannst du fünf Osterlämmer oder drei Osterlämmer und zwei Osterhasen damit backen.

Der zugedeckte Teig muß anschließend bei Zimmertemperatur um das Doppelte gehen.

Danach knetet Bussi den Teig noch mal durch und formt die Teile der Osterhasen und Osterlämmer.

Die Berührungsstellen der einzelnen kleinen und großen Teigkugeln bestreicht Bussi-Bär zuvor mit Eigelb und drückt sie dann zusammen. Anschließend bepinselt er den wohlgeformten Osterhasen vollständig mit Eigelb.

Backzeit:	**30 Minuten**
Elektroherd:	**200 Grad**
Gasherd:	**Stufe 3**

Backe, backe Kuchen

Sieben Sachen benötigt der Bäcker, damit er einen guten Kuchen backen kann. Magst du diese sieben Sachen noch einmal aufzählen? Darüber wird sich deine Mami sehr freuen. Sage ihr bitte auch, welche Backidee von Bussi-Bär du am liebsten magst.

Bussi-Bärs Lieblingskuchen

Der Bussi-Bär geht nun in den Garten raus, und sein Freund Bello ist mit dem Hasen alleine im Bussi-Haus. Was nun passiert, erzählen die Bilder.

Im Garten hört Bussi-Bär, wie der Stuhl auf den Boden poltert. Bussi eilt schnell in das Haus.
Weißt du, was er jetzt Bello und dem Hasen erzählt?

Ein süßer Brief von Bussi-Bär

Zuerst rührt Bussi-Bär die Butter mit Zucker und mit dem Ei cremig, und dann knetet Bussi das mit Backpulver vermischte Mehl unter die Creme.

Zutaten für den Teig:

75 g Butter	110 g Zucker
1 legefrisches Ei	350 g Mehl

einen halben Teelöffel Backpulver

Zutaten für die Füllung:

150 g Sahnequark	1 legefrisches Ei
2 Eßlöffel Zucker	40 g Rosinen

1 Päckchen Vanillepuddingpulver zum Kochen

Bussi-Bär hüllt den Teig in Frischhaltefolie ein, legt ihn in eine Schüssel und stellt den Teig für eine Stunde in den Kühlschrank.

Dann rollt Bussi-Bär den Teig zu einem Streifen von etwa 22 Zentimetern Länge und 45 Zentimetern Breite aus. Die obersten 15 Zentimeter sind für die Brieflasche, und Bussi-Bär schneidet diesen Teil giebelförmig zu. Aus den Teigabfällen formt Bussi-Bär ein hübsches Siegel für seinen süßen Brief.

Nun bereitet Bussi-Bär die Füllung für seinen süßen Brief zu. Bussi-Bär verrührt den Quark mit dem Puddingpulver, dem Ei, dem Zucker und den Rosinen.

Die Füllung trägt Bussi-Bär auf die mittleren 15 Zentimeter auf. Den unteren Teil klappt Bussi über die Füllung und drückt sie leicht an. Nun klappt er die Brieflasche darüber, drückt sie leicht an und setzt das Siegel auf die Spitze der Lasche.

Backzeit:	**30 Minuten**
Elektroherd:	**200 Grad**
Gasherd:	**Stufe 2**

Bussi schiebt seine Briefe in den vorgeheizten Backofen, backt sie und läßt sie anschließend auskühlen.

Bussi hat den Puderzucker mit dem Zitronensaft verrührt und hellgrau gefärbt. Damit glasiert er die Briefe. Das Siegel bemalt er mit Zuckerfarbe.

Zutaten für den Guß:

100 g Puderzucker	graue Speisefarbe
2 Eßlöffel Zitronensaft	bunte Zuckerschrift

Putzige kleine Bussi-Bär-Mäuse

Den Hefeteig bereitet Bussi-Bär wie bei dem Osterhasen und dem Osterlamm zu. Zum Schluß gibt Bussi die gewaschenen Korinthen dazu.

Zutaten für acht Bussi-Bär-Mäuse:

20 g Hefe in Würfel	1 legefrisches Ei
1 Prise Salz	100 ml Milch
50 g Butter	75 g Zucker
etwas lauwarmes Wasser	50 g Korinthen
	300 g Mehl

Das zerquirlte Ei gibt Bussi-Bär nur zur Hälfte in den Teig. Die andere Hälfte benötigt er noch zum Bestreichen der Mäuse.

Den Teig läßt Bussi-Bär etwa eine Stunde an einem warmen Platz ruhen. Dann knetet Bussi-Bär den Teig noch mehrmals durch, und er teilt seinen Hefeteig in acht Portionen für die Mäuse.

Aus jeder Hefeteigportion dreht Bussi-Bär eine Kugel, und er formt an einer Seite eine kleine Nasenspitze für die Mäusenase.
Als Bello in der Küche erscheint, singt er sein Lieblingslied:

„Der Bussi backt die Maus,
der Bussi backt die Maus,
der Bussi backt die
Mi-ma-mause Maus.
Dann ißt er seine Maus,
dann ißt er seine Maus,
dann ißt er seine
Mi-ma-mause-Maus."

Bussi-Bär setzt die Mäuse auf ein gut eingefettetes Backblech und bepinselt sie mit dem übrigen Ei. Danach läßt er sie nochmals 20 Minuten gehen und backt sie in dem vorgeheizten Backofen.

Bussi-Bär hat den Puderzucker mit dem roten Saft zu einer dicken Flüssigkeit verrührt und bepinselt die Mäuse. Die Korinthen legt Bussi als Augen und Nase auf und klebt ein Lakritzestück als Schwanz an.

Backzeit:	**20 Minuten**
Elektroherd:	**200–220 Grad**
Gasherd:	**Stufe 3–4**

Zutaten für die Glasur:

200 g Puderzucker
4 Eßlöffel Rote-Bete-Saft
24 Korinthen
1 Lakritzschlange

Bussi-Bärs Apfelkuchen

Kuchen mit Äpfeln schmecken lecker, und sie sind schnell zubereitet und gebacken.

Zutaten für Bussis Apfelkuchen:

125 g Butter	125 g Zucker
1 Prise Salz	etwas Zimt
3 legefrische Eier	250 g Mehl
2 Teelöffel Backpulver	100 g Rosinen
5 Eßlöffel Apfelsaft	2 saure Äpfel
Fett für die Form	Puderzucker

Zuerst läßt Bussi-Bär die Butter in der Küche so weich werden, daß er sie mit dem Zucker und dem Salz cremig schlagen kann. Dann rührt er die Eier darunter und fügt unter ständigem Rühren das mit Backpulver gemischte Mehl dazu. Anschließend gießt Bussi-Bär den Apfelsaft dazu, rührt dabei weiter, bis sich der Teig gut rühren läßt und geschmeidig erscheint. Nun gibt Bussi-Bär den Zimt in den Teig und rührt noch ein Weilchen weiter. Für seinen Apfelkuchen nimmt Bussi-Bär zwei saure Äpfel wie zum Beispiel Boskop, Cox Orange.

Die Rosinen wäscht Bussi in lauwarmem Wasser
und läßt sie auf Küchenpapier abtropfen.

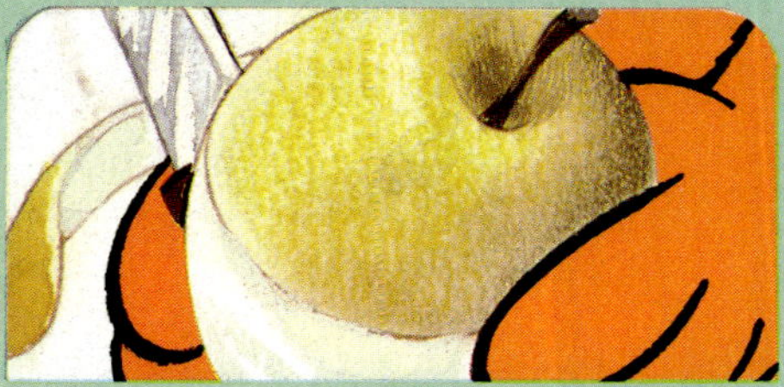

Bussi-Bär schält und viertelt die Äpfel. Dann
schneidet er die Viertel in kleine Stücke.

Die Rosinen und Apfelstücke rührt Bussi in den Teig und füllt diesen in eine eingefettete Guglhupfform. Den gebackenen und abgekühlten Apfelkuchen bestreut Bussi mit Puderzucker.

Backzeit:	**60 Minuten**
Elektroherd:	**180 Grad**
Gasherd:	**Stufe 2**

Möhrenquarkkuchen mit Cornflakes

Bussi-Bär hat die Möhren in seinem Garten geerntet und draußen von der Erde gesäubert. Er hat sie gewaschen und putzt sie nun gründlich.

Zutaten für den Möhrenquarkkuchen:

200 g Möhren	100 g Mandeln
3 legefrische Eier	50 g Magerquark
1 Teelöffel Backpulver	20 g Semmelbrösel
75 g Weizenmehl	100 g Zucker

je eine Messerspitze Nelken und Zimt
eine ungespritzte Orange

Bussi-Bär hat die gewaschenen Möhren von den Spitzen befreit. Er hat sie geschält und sehr fein geraspelt. Nun reibt er sehr vorsichtig die Mandeln. Die Mandeln sind sehr gesund, und sie gedeihen prächtig in den südlichen europäischen Ländern wie Spanien, Griechenland und Italien. Den Mandeln werden sogar Heilkräfte nachgesagt. Es gibt bittere und süße Mandeln. Die bitteren Mandeln dürfen nur erhitzt verzehrt werden, da sie Blausäure enthalten.

Bussi-Bär schlägt die Eier auf und trennt sie. Dann gibt er den Zucker, die Nelken und den Zimt in das Eigelb und schlägt es cremig.

Anschließend rührt Bussi-Bär die fein geraspelten Möhren, die geriebenen Mandeln und den Magerquark dazu, rührt alles cremig und rührt dann das mit Backpulver vermischte Mehl darunter.

Bussi-Bär hat von der Orangenschale einen Eßlöffel voll abgeraspelt und hinzugefügt. Dann rührt Bussi-Bär das steifgeschlagene Eiweiß in den Teig.

Nachdem Bussi-Bär den Teig zubereitet hat, bestreicht er die Kranzform dünn mit Butter und streut sie gleichmäßig mit Semmelbrösel aus. Anschließend füllt er den Teig in die Form.

Backzeit:	**60 Minuten**
Elektroherd:	**200 Grad**
Gasherd:	**Stufe 3**

Zutaten für die Glasur:

1 legefrisches Ei
200 g Aprikosenkonfitüre
50 g Cornflakes

Bussi-Bär preßt die abgeraspelte Orange aus und träufelt den Saft auf den ausgekühlten Kuchen. Ein Ei rührt Bussi in die Aprikosenkonfitüre und bepinselt damit den Möhrenquarkkuchen.
Bello streut die Cornflakes darauf und drückt sie leicht an.

Erdbeeren reifen im Spätfrühling

Bei uns reifen die köstlichen Erdbeeren in den Monaten Mai und Juni. In Spanien, Südfrankreich und Italien kannst du bereits im April die Erdbeeren ernten. Erdbeeren sind süß, sie schmecken lecker, und sie sind die ersten Früchte in dem Erntejahr. Darüber freuen sich Bussi-Bär und Bello sehr, und sie pflücken die Erdbeeren und legen sie vorsichtig in den Korb.

Ein Erdbeerkuchenherz für Mama

Bussi-Bär rührt die weiche Butter geschmeidig, fügt Zucker und Vanillinzucker, Eier und Salz hinzu. Dann gibt er das mit Backpulver vermischte Mehl hinzu und rührt es mit den zwei Eßlöffeln Milch unter. Bussi-Bär verwendet nur soviel Milch, daß der Teig geschmeidig erscheint und am Kochlöffel klebt.

Zutaten für den Teig und den Belag:

- 100 g Zucker
- 2 legefrische Eier
- 1 Päckchen Vanillinzucker
- 1 Teelöffel Backpulver
- 1 Päckchen roten Tortenguß
- 100 g Butter
- 200 g Weizenmehl
- etwas Salz
- 2 Eßlöffel Milch

Bussi-Bär füllt den Teig in die Herzform und schiebt diese in den vorgeheizten Backofen.

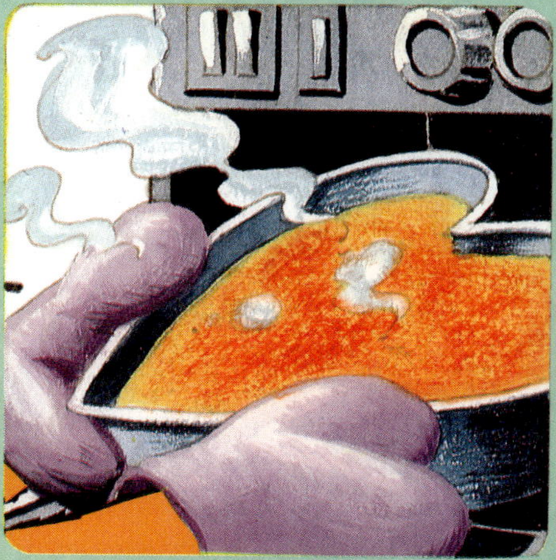

Backzeit:	**25 Minuten**
Elektroherd:	**180 Grad**
Gasherd:	**Stufe 2**

Bussi-Bär wäscht und entstielt die Erdbeeren, und er läßt sie sehr gut in einem Küchensieb abtropfen. Danach halbiert er sie und bestreut

sie mit Zucker. Dann läßt er die Erdbeeren eine Weile stehen, bis sie genügend Saft gezogen haben. Den Saft benötigt Bussi für den Tortenguß. Nun legt Bussi-Bär die halben Erdbeeren auf das Herz.

Bussi-Bär bereitet mit dem Erdbeersaft nach der Packungsanweisung den Tortenguß zu und verteilt ihn gleichmäßig auf dem Erdbeerherz.

Mit Sahne hat Bussi das Erdbeerherz verziert.

Wie wachsen die Erdnüsse?

Die Erdnußpflanzen mit ihren zarten gelben Blüten wachsen dreißig bis sechzig Zentimeter hoch. Nach der Blüte und der Befruchtung entsteht ein etwa fünfzehn Zentimeter langer Fruchtstiel, der sich zur Erde krümmt und nun den Fruchtknoten in den Erdboden drückt. Nun wächst die Erdnußschote heran. Die Erdnußschote besteht aus einer strohgelben Schale, in der sich

zwei oder drei wohlschmeckende Kerne befinden. Deshalb gehört die Erdnuß zu den Hülsenfrüchten.
Nach fünf Monaten werden im Spätsommer die Erdnußbüsche mit einer Hacke oder einer Egge aus der Erde gezogen, und die Erdnußschoten werden in der Sonne zum Trocknen ausgelegt. Nach zwei bis drei Tagen werden die Schoten geerntet, und ihre Kerne werden vielfältig weiterverarbeitet.

Aus dem zarten gelben Fruchtknoten der Blüte entsteht die Erdnuß.

Die Blütenblätter welken, und der Fruchtknoten senkt sich in die Erde. Nun beginnt in der Erde die Erdnuß zu wachsen.

Die Erdnuß ist eine Hülsenfrucht, dagegen ist die Muskatnuß eine Beerenfrucht. Die Walnuß, die Kokosnuß und die Pistazie sind Steinfrüchte.

Die Erdnußschoten werden bei der Ernte aus dem Boden gerissen, und sie müssen nun drei Tage in der Sonnen liegen und trocknen. Danach werden die Erdnußschoten von Hand oder mit Maschinen von den Büschen gepflückt.
In Europa werden Erdnüsse in Süditalien und in Südspanien angebaut.

Ein Spezialtraktor hilft hier Bussi-Bär, die Wurzeln der Erdnußbüsche nach der fünfmonatigen Reifezeit aus dem Boden zu ziehen und von der anhängenden Erde zu befreien.

Einst brachten die spanischen und die portugiesischen Seefahrer die Erdnuß vor mehr als vierhundert Jahren von ihren Reisen nach China und Südamerika mit nach Europa.
Angebaut wird die Erdnuß heute besonders in Indien, in China, in den USA, im Sudan, im Senegal, aber auch im Süden von Spanien und Portugal. Für ihr Wachstum benötigt die Erdnuß ein feuchtwarmes Klima.

Wie dir Bussi-Bär bereits auf den Seiten zuvor ausführlich erklärt hat, ist die Erdnuß eine sehr ungewöhnliche Pflanze. Die Erdnuß blüht über der Erde, aber ihre Früchte wachsen im Erdboden.
Die Erdnüsse können geröstet, gesalzen oder gezukkert gegessen werden. Preßt man die Erdnüsse, entsteht das sehr gesunde und vitaminreiche Erdnußöl.
Bussi-Bär und Bello essen auch sehr gerne knuspriges Vollkornbrot mit Erdnußbutter. Die Erdnußbutter entsteht durch Mahlen der Erdnußkerne.

Bellos Adventsbaum

Zutaten für den Teig:

1000 g Weizenmehl
1 Teelöffel Backpulver
4 legefrische Eier
200 g Erdnußbutter
200 g Zucker
1 Teelöffel Zimt
300 g Butter
eine Prise Salz

Zutaten zum Zusammenkleben:

Eiweiß von 2 legefrischen Eiern
und 200 g feiner Puderzucker

Und so bereitet Bussi-Bär den Mürbeerdnußbutterteig für Bellos Adventsbaum zu:

Bussi-Bär schüttet zuerst das Weizenmehl in eine große Rührschüssel und drückt in der Mitte eine Vertiefung ein. Danach schlägt er die Eier in einer kleinen Schüssel auf und zerschlägt diese mit der Gabel.

Die zerschlagenen Eier gibt Bussi in die Vertiefung. Danach verteilt Bussi-Bär die in Stückchen geschnittene Butter und Flöckchen der Erdnußbutter auf dem Mehlrand. Nun fügt er Backpulver und Zucker hinzu und verrührt mit dem Backlöffelstiel die Zutaten in der Vertiefung und mischt dabei etwas Mehl ein. Danach schaufelt Bussi-Bär mit seinen Händen das Mehl von außen nach innen und knetet alles zu einem geschmeidigen Teig. Den Teig formt Bussi zu einer Kugel, hüllt ihn in Klarsichtfolie und läßt ihn eine Stunde im Kühlschrank ruhen.

Bussi-Bär verrührt den Puderzucker und das Eiweiß zu einer dickflüssigen Klebemasse.

Bussi-Bär rollt den festgewordenen Teig auf einer bemehlten Tischfläche aus und legt die Papierdreiecke darauf. Dann schneidet er Baumformen aus und backt sie. Hier klebt Bussi die gebackenen Baumteile mit der Puderzuckermasse zusammen.

Bussi-Bär bestreut seinen Adventsbaum mit Puderzucker und steckt die 24 Kerzen auf. Jeden Tag zu Bellos Kakaozeit am Nachmittag zündet Bussi-Bär eine Kerze an und läßt sie abbrennen.

Backzeit:	**20 Minuten**
Elektroherd:	**180 Grad**
Gasherd:	**Stufe 2**

Backe die Heiligen Drei Könige

Bussi-Bär hat Zucker, Salz und das Lebkuchengewürz, den Honig und den Kakao in einem Topf gemischt. Nun fügt er die Butter hinzu und erhitzt die Masse unter ständigem Rühren.

Zutaten für den Teig:

200 g Zucker	500 g Mehl
1 legefrisches Ei	100 g Bienenhonig
100 g Butter	10 g Kakao
eine Prise Salz	1 Päckchen Backpulver
1 Päckchen Lebkuchengewürz	Mehl zum Ausrollen
	Butter für das Backblech

Zeichne die Heiligen Drei Könige auf Papier und vergrößere sie auf dickem Papier.

Bussi-Bär rührt noch das aufgeschlagene Ei in die etwas abgekühlte braune Masse und gibt diese zu dem mit Backpulver vermischten Mehl.

Nach dem Rühren knetet Bussi-Bär den...

...Lebkuchenteig mehrmals gründlich durch.

Tips und Backzeit:
Bussi-Bär läßt die in Klarsichtfolie gehüllte Teigkugel zwei Stunden im Kühlschrank ruhen. Er backt die ausgeschnittenen Figuren im vorgeheizten Backofen 15 Minuten bei 200 Grad im Elektroherd oder im Gasherd auf Stufe 3. Die abgekühlten Heiligen Drei Könige verziert Bussi-Bär mit weißer Zuckerschrift aus der Tube.

Bussi-Bär rollt den fest gewordenen Teig auf einer bemehlten Fläche aus, legt die Papierformen darauf und schneidet die Figuren mit dem Teigmesser aus.

Bussi-Bär legt die Heiligen Drei Könige auf das eingefettete Backblech und schiebt sie in den vorgeheizten Backofen.

Bussi-Bärs fröhliche Weihnachtsengel

Bussi-Bär erwärmt den Saft einer Zitrone, den Honig und die Butter auf der niedrigsten Stufe. In die geschmolzene Masse rührt er das Ei, Lebkuchengewürz, Zucker und etwas Salz ein. Dann vermischt Bussi-Bär in einer Backschüssel das Backpulver mit dem Mehl, gibt etwas Milch und die flüssige Sahne hinzu. Danach knetet Bussi so lange mit dem Mixer, bis ein Teig entsteht.

Zutaten für den Teig:

600 g Vollkornmehl
1 legefrisches Ei
1 Zitrone
8 Eßlöffel Honig
50 g Butter
200 g Zucker
etwas Salz
etwas Milch
je 1 Päckchen Backpulver und Lebkuchengewürz

Pause diese zwei und den dritten Engel hinten ab und übertrage die Formen der Engel auf dünnen Karton.

Bussi-Bär hat seine gebackenen Engel mit Kokosnußraspeln und Schokostreuseln verziert. Den Stern und die Flügellinien spritzt Bussi mit Zuckerschrift aus der Tube auf. Nase und Augen sind Smarties.

Bussi-Bär hüllt die Teigkugel in Klarsichtfolie ein und läßt sie im Kühlschrank ruhen.

Nach zwei Stunden ist der Teig fest, und Bussi rollt ihn auf einer bemehlten Fläche aus.

Bussi-Bär legt die ausgeschnittenen Engelfiguren auf den ausgerollten Teig und schneidet die Engel mit einem Teigmesser aus.

Die abgekühlten Engel bestreicht Bussi zuerst mit Zuckerguß. Danach bestreut er sie mit Kokosraspeln und Schokostreuseln.

Backzeit:	**20 Minuten**
Elektroherd:	**180 Grad**
Gasherd:	**Stufe 2**

Bussi-Bär, Bello und die Weihnachtsbäckerei

In ein paar Tagen ist Weihnachten, und heute wollen Bussi-Bär und Bello die ersten Weihnachtsplätzchen backen.
„Bello, wir backen deine Lieblingsplätzchen“, sagt Bussi, und er holt die Milch aus dem Kühlschrank.
Bello springt begeistert vom Stuhl, und er möchte vor Freude einen Purzelbaum schlagen. Bello weiß, was sein Freund backen will.
„Lieb von dir, knusprige Mandelplätzchen zu backen“, bellt Bello, und er rennt in das Wohnzimmer.

Bello kehrt zurück mit Goldpapier und Buntpapier. Bussi-Bär schmunzelt, als Bello mit dem Bastelkorb vor ihm steht und freudig strahlt.
„Bello, zuerst backen wir, und danach basteln wir, was du gerne möchtest", sagt Bussi-Bär.
Bussi-Bär bereitet den Plätzchenteig zu, und Bello schaut ganz genau zu, wie Bussi-Bär die Zutaten mischt und rührt. Dann knetet Bussi-Bär den Teig gründlich durch, packt ihn in Klarsichtfolie ein und legt den Plätzchenteig zum Festwerden für eine Stunde in den Kühlschrank.

Nach einer Stunde ist der Plätzchenteig fest, und Bussi-Bär nimmt die Teigkugel aus dem Kühlschrank. Bussi enthüllt den Teig und rollt ihn auf dem bemehlten Tisch aus.
Inzwischen ist auch das Eichhörnchen Fips in dem kleinen gemütlichen Bussi-Bär-Haus.
„Bussi, bekomme ich auch ein paar knusprige Plätzchen für meinen Wintervorrat?“ will das Eichhörnchen

Fips wissen. Denn seit Tagen ist Fips in einem Sammelrausch. Fips sammelt Tannenzapfen, trockene Beeren und Haselnüsse für den Winter.
„Hast du eine Plätzchendose?“ fragt Bello den kleinen Fips. Das Eichhörnchen schüttelt sein Köpfchen.
Während Bello und Fips über das Winteressen und über die Winterruhe reden, rollt Bussi den Teig größer und dünner aus.

Dann geschieht das Unglück, denn Bussi-Bär stößt beim Ausrollen des Teigs an die Mehltüte. In hohem Bogen fliegt die Mehltüte auf den kleinen Bello.
Bello schaut verdutzt. Er mag das ganz und gar nicht.

Aber das Eichhörnchen findet das Geschehen sehr lustig, und es lacht laut über den weißen Bello.
Bello ist sehr sauer. Das Eichhörnchen erkennt nun sein Unrecht, und es versucht, den kleinen Bello zu trösten. Aber Bello läßt sich nicht trösten. Er ist stocksauer.
Das Eichhörnchen hat auch keine Lust mehr, Bello zu trösten, und es piepst: „Ein weißer Hund ist niemals

kunterbunt." Und das Eichhörnchen bläst ein paar Mehlflocken von Bellos Kopf.
Bello ist sehr wütend, und er jagt Fips aus dem Bussi-Haus. Fips springt und singt: „Bello ist ein weißer Hund, er rennt und ist auch sehr gesund."
Das Eichhörnchen Fips saust durch den Bussi-Bär-Garten, und der kleine Bello saust hinterher. Dann huscht das Eichhörnchen in den Busch. Bello sieht das, stoppt urplötzlich und fällt auf seinen Po.
Aber der kleine Bello huscht nicht in den Busch hinein. Dann erspäht Fips aus seinem Versteck den Apfelbaum, und oben in dem Apfelbaum hat Fips seinen Kobel. Das ist sein Wohnhaus. Der Kobel ist ein gemütliches, mit Moos und Gras ausgepolstertes Loch. Fips springt an den Baumstamm und saust hinauf.

Was nun in dem Bussi-Bär-Garten geschieht, ist ein großes Drama.
Bello ist außer Rand und Band. Fips muß sich unaufhörlich anbellen lassen. Aber das Eichhörnchen läßt sich nicht verbellen.
„Fips, gute Freunde lachen niemals einander aus, ein guter Freund macht keine Witze über seinen Partner. Weißt du, Fips, alle Witze leben davon, daß einer der Trottel ist. Aber ein Trottel bin ich wohl nicht", verkündet Bello.
Und als Bello seine Rede hält, schauen die Katze Mau und die Waldtiere über den Zaun.
Und wenn der kleine Bello Recht und Unrecht verkündet, dann steht er niemals still, ja dann springt Bello vor und zurück, und er buddelt dabei.
Nun schaut das Eichhörnchen sehr mürrisch nach unten, denn es entdeckt, wie unsorgsam es seine Haselnüsse vergraben hat.

Und während Bussi-Bär nicht weiß, was draußen in seinem Garten passiert, backt er im Bussi-Bär-Haus seine knusprigen Mandelplätzchen. Köstlicher Plätzchenduft erfüllt das Bussi-Bär-Haus, und dieser köstliche Plätzchenduft dringt in den Garten. Bello schnuppert den Duft und hört auf zu bellen. Bello rennt in das Bussi-Bär-Haus, und seine Freunde folgen ihm.
Als Bussi-Bär das Backblech aus dem Backofen zieht, stehen seine Freunde hinter ihm.
„Fein, daß ihr mich besucht", sagt Bussi, und er fragt: „Wollen wir noch einen Haselnußkuchen backen?"

„Nein, Bussi, wir möchten lieber mit dir basteln!“ ruft die Katze Mau. „Ja, Bussi, du weißt immer die tollsten Bastelideen, und die Vorweihnachtstage sind nun mal Basteltage, und zu einer Weihnachtsparty im Wald möchte ich einen Kopfschmuck tragen!“ ruft der Fuchs. „Das wirst du auch“, sagt lächelnd Bussi-Bär, und er stellt das Backblech neben den Herd. Bello stellt seinen Korb mit dem Buntpapier und mit dem Goldpapier auf den Tisch, und eins, zwei, drei bastelt Bussi-Bär mit

seinen Freunden allerlei, und sie knabbern ein paar der ausgekühlten knusprigen Mandelplätzchen.
Alle sind glücklich, aber am glücklichsten ist das Eichhörnchen Fips, als Bello ihm einen prallgefüllten Korb mit Haselnüssen reicht, und der liebe Bussi-Bär ihm ein knuspriges Mandelplätzchen schenkt.

Knusprige Weihnachtsbäckerei

Je nach Belieben rührt und knetet Bussi-Bär einen Mürbeteig, einen Honigkuchenteig oder einen Hefeteig für seine Weihnachtsplätzchen. Bereite gemeinsam mit deiner Mami deinen Lieblingsteig für die Weihnachtsplätzchen zu, und hast du alle Plätzchen ausgestochen, gebacken und abkühlen lassen, dann verziere deine Weihnachtsbäckerei ebenso, wie dein Freund Bussi-Bär es dir hier zeigt.

Bunte Smarties

Schokostreusel

Walnüsse

Allerlei
Nüsse und
Buntes zum
Verzieren.

Mandeln

Rosinen

Mandelsplitter

Haselnüsse

Kokosraspeln

Bussi-Bär rollt seinen Plätzchenteig auf der bemehlten Fläche aus und sticht mit seinen Formen die Plätzchen aus. Auch wird Bussi ein großes Männchen ausstechen und dieses als Nikolaus verzieren.

Die Plätzchen aus Mürbeteig legt Bussi-Bär auf ein uneingefettetes Backblech, da Mürbeteig fett genug ist. Sonst fettet Bussi-Bär das Backblech ein, oder er legt Backpapier zuvor auf das Backblech.

Bussi-Bär rollt seinen Plätzchenteig niemals zu dünn aus, und er legt die ausgestochenen Plätzchen sehr vorsichtig auf das Backblech.

Aller Anfang für bunte Weihnachtsplätzchen ist der Zuckerguß aus Eiweiß und Puderzucker. Bussi-Bär hat den Zuckerguß etwas dicker angerührt, damit er die Verzierungen gut aufkleben kann.

Bussi-Bärs Mandelplätzchen

Bussi-Bär schlägt zuerst ein Ei vorsichtig auf, und er trennt das Eigelb von dem Eiweiß.

Zutaten für den Mandelplätzchenteig:

200 g Weizenmehl	175 g Zucker
3 legefrische Eier	60 g Mondamin
1 Eßlöffel Olivenöl	200 g Butter

100 g gemahlene süße Mandeln
150 g geschälte süße Mandeln zum Verzieren

Dein lieber Bussi-Bär hat dir in seinem kleinen Backbuch sechzehn Backideen vorgestellt, und Bussi und Bello würden sich riesig freuen, wenn du mit deinen Freudinnen und Freunden zusammen einige Backideen auswählen und backen würdest.
Erzähle bitte in der Grundschule von Bussi-Bärs Backideen. Vielleicht verwirklicht ihr gemeinsam für ein Schulfest im Frühling oder im Sommer eine Bussi-Bär-Backidee und erfreut damit eure lieben Eltern. Auf jeden Fall wünschen Bussi-Bär und Bello dir viel Spaß beim Backen.

Backzeit:	**10 bis 12 Minuten**
Elektroherd:	**180 Grad**
Gasherd:	**Stufe 2**

Bussi-Bär fügt zuerst Zucker und danach Olivenöl zu dem Eigelb. Danach schlägt er alles schaumig und gibt unter ständigem Rühren das Weizenmehl, das Mondamin, die Butter und die Mandeln hinzu. Nach dem Rühren knetet Bussi-Bär den Teig gut durch und legt ihn in Folie gehüllt in den Kühlschrank.

Auf dem bemehlten Küchentisch hat Bussi-Bär den Teig ausgerollt, und nun sticht er die Plätzchen aus. Die ausgestochenen Plätzchen verziert Bussi-Bär mit den enthäuteten Mandeln, so wie hier den kleinen Mond und den großen Stern. Dann backt Bussi-Bär die Mandelplätzchen zwölf Minuten lang im Backofen. Und erst wenn sie ausgekühlt sind, darf Bello ein Plätzchen essen.